N. RIMSKY-KORSSAKOW

Scheherazade

d'après «Mille et une nuits»

Suite symphonique pour Orchestre

op. 35

849

Partition d'orchestre..	Pr. M. 34.—	net
La même, petit in-8⁰	Pr. M. 5.—	net
Parties d'orchestre	Pr. M. 60.—	net
Parties supplémentaires	à M. 3.60	net
Réduction pour Piano à quatre mains par l'auteur	Pr. M. 15.—	
Transcription pour deux Pianos à quatre mains par G. Humbert	Pr. M. 30.—	
Réduction pour Piano à deux mains par Paul Gilson	Pr. M. 11.—	

M. P. BELAIEFF, LEIPZIG

1912

Programm

Der Sultan Schahriar, überzeugt von der Falschheit und Untreue der Frauen, hatte geschworen, jede seiner Frauen nach der ersten Nacht töten zu lassen. Aber die Sultanin Scheherazade rettete ihr Leben, indem sie sein Interesse fesselte durch die Märchen, die sie ihm während 1001 Nächten erzählte. Unter dem Eindruck der Spannung schob der Sultan von Tag zu Tag die Vollstreckung des Todesurteils an seiner Frau auf, und endlich ließ er seinen grausamen Beschluß völlig fallen.

Sehr viele Wunder wurden dem Sultan Schahriar von der Sultanin Scheherazade erzählt. Für ihre Erzählungen entlehnte die Sultanin den Dichtern die Verse, den Volksliedern die Worte, und sie schob dieselben ineinander ein.

Программа

Султанъ Шахріаръ, убѣжденный въ коварствѣ и невѣрности женщинъ, далъ зарокъ казнить каждую изъ своихъ женъ послѣ первой ночи; но султанша Шехеразада спасла свою жизнь тѣмъ, что съумѣла занять его сказками, разсказывая ихъ ему въ продолженіе 1001 ночи, такъ что, побуждаемый любопытствомъ, Шахріаръ постоянно откладывалъ ея казнь и наконецъ совершенно оставилъ свое намѣреніе. Много чудесъ разсказала ему Шехеразада, приводя стихи поэтовъ и слова пѣсень, вплетая сказку въ сказку, и разсказъ въ разсказъ.

Programme

Le sultan Schahriar, persuadé de la fausseté et de l'infidélité des femmes, avait juré de faire donner la mort à chacune de ses femmes, après la première nuit. Mais la sultane Schéhérazade sauva sa vie en l'intéressant aux contes qu'elle lui raconta pendant la durée de 1001 nuits. Pressé par la curiosité, le sultan remettait d'un jour à l'autre le supplice de sa femme, et finit par renoncer complètement à sa resolution sanguinaire.

Bien des merveilles furent racontées à Schahriar par la sultane Schéhérazade. Pour ses récits, la su'tane empruntait, aux poètes — leurs vers, aux chansons populaires — leurs paroles, et elle intercalait les recits et les aventures les uns dans les autres.

17152

SCHEHERAZADE
Suite symphonique
I

N. Rimsky-Korsakow, Op.35

Largo e maestoso M.M. ♩ = 48

M.P. Belaïeff, Leipzig

2957

4

2957

2957

2957

F

F

32

33

2957

2957

44

II

A a tempo ♪= 112
Fl.
a 2
Ob. Solo
Fag. I. dolce ed espressivo assai
Cor. I. II.
Arpa
Viol.
Vle.
Vcl. pizz.
C.B.
A a tempo ♪= 112
Fl.
Ob.
Clar.
espressivo molto
II
Fag.
Cor. I. II.
Arpa
Viol.

52

C tempo (un poco più animato)

C tempo (un poco più animato)

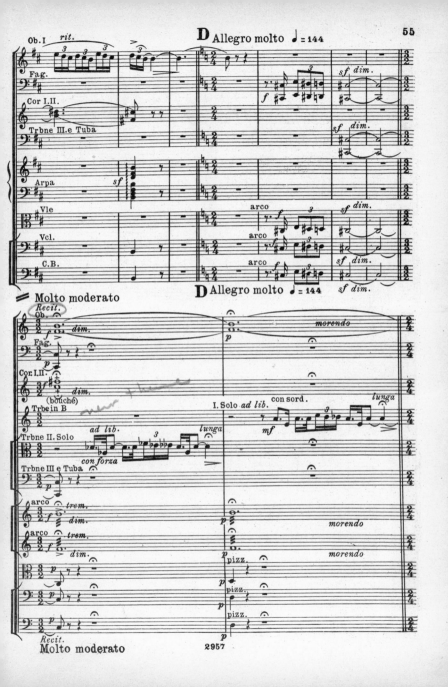

Scheherazade comes in in
tale by series of cadenzas

2957

G
A tempo giusto
Allegro molto ♩= 144
I.
a 2
p molto cresc.
a 2
Trb. I
Piatti
arco
sfp
cresc.
arco
sfp cresc.
G
A tempo giusto
Allegro molto ♩= 144

H
Poco stringendo
cresc.
I.
a 2
mf
p II.
cresc. po-
p
sf (unisoni)
sf
arco
tr
H
Poco stringendo

2957

2957

2957

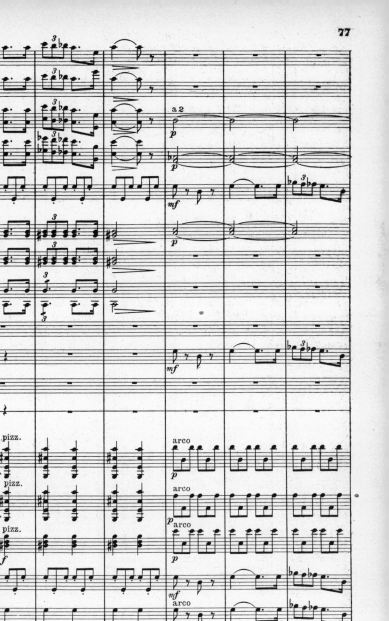

2957

78

Triang.

Piatti

2957

M Allegro molto ed animato ♩ = 152

M Allegro molto ed animato ♩ = 152

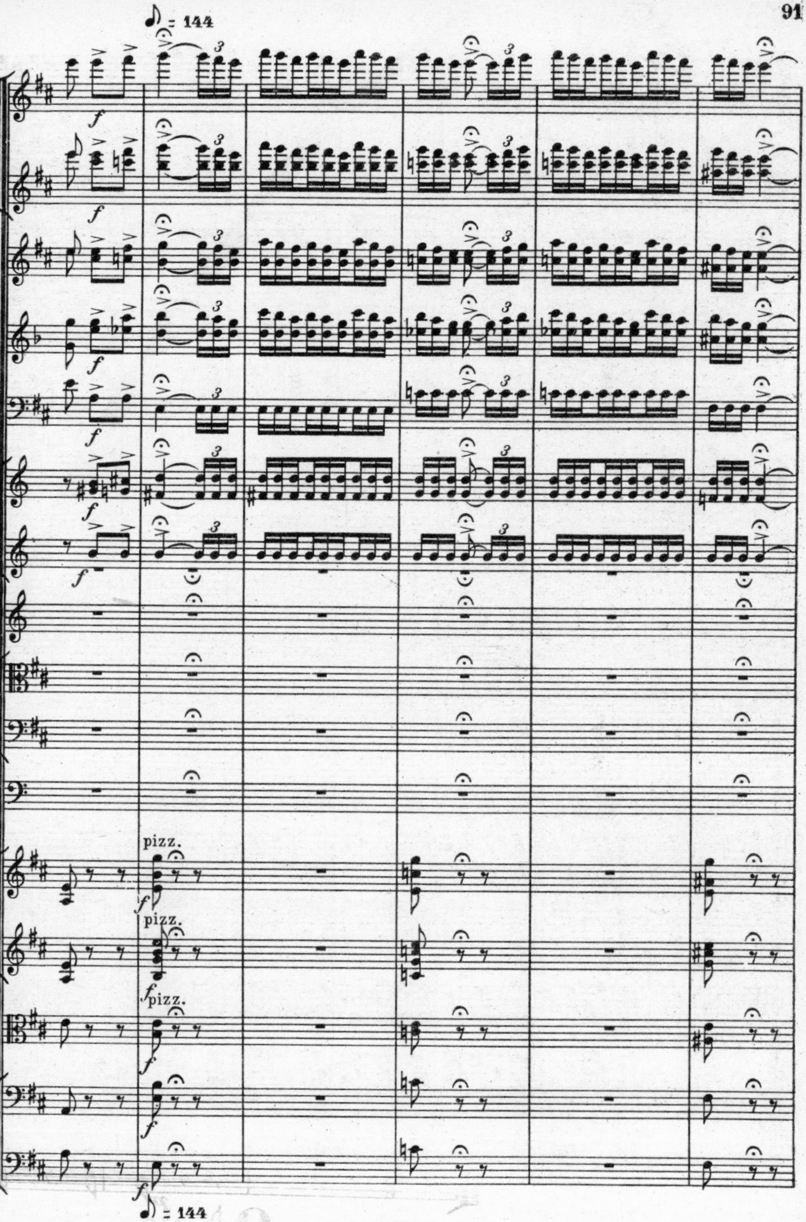
♪ = 144
f
pizz.
♪ = 144

94

2957

2957

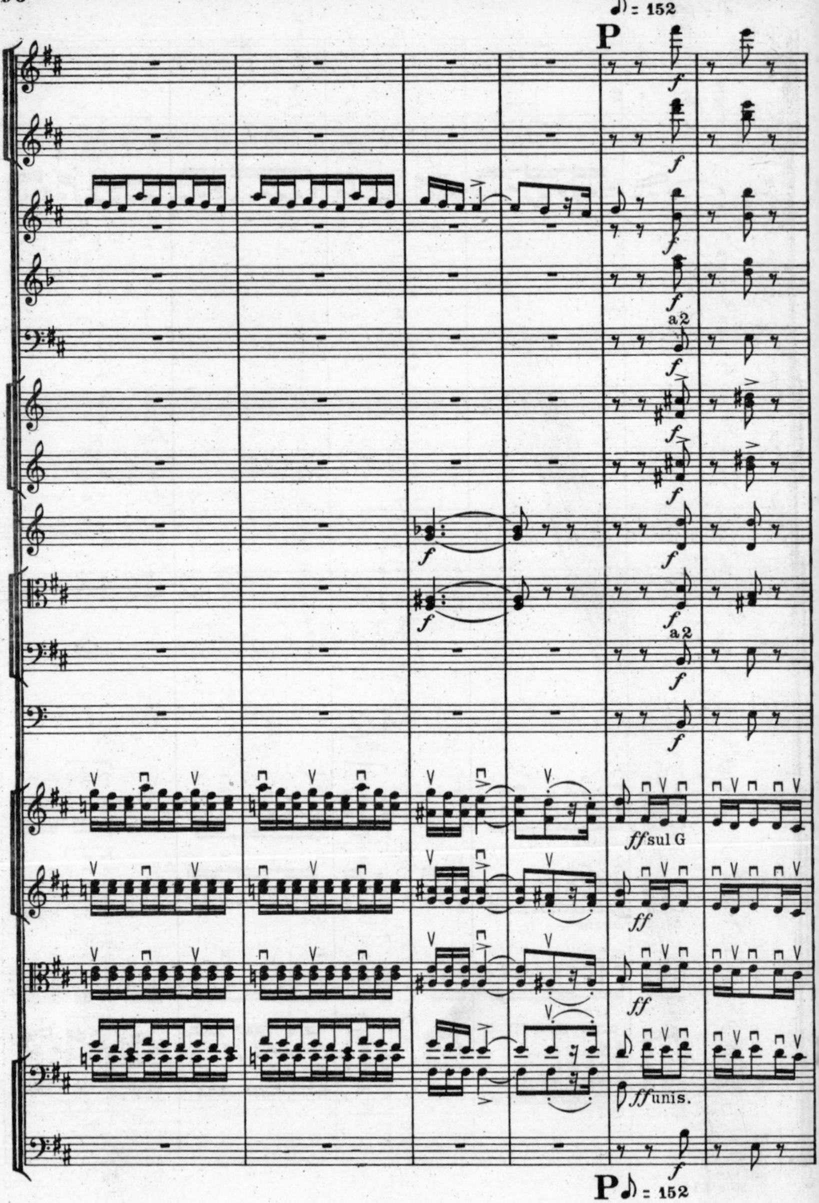
= 152
P
a 2
a 2
ff sul G
ff
ff
ff unis.
P = 152

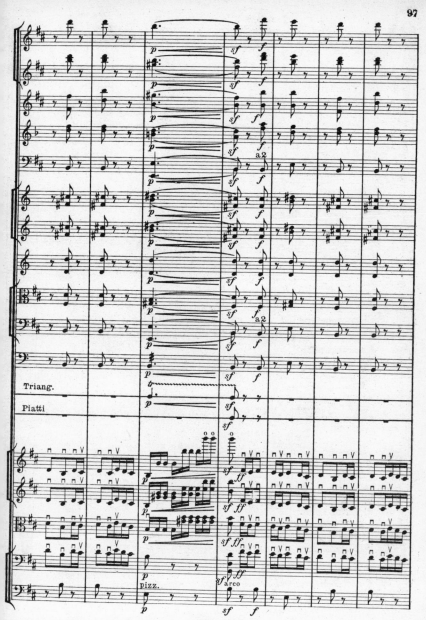

Animato ♪=144

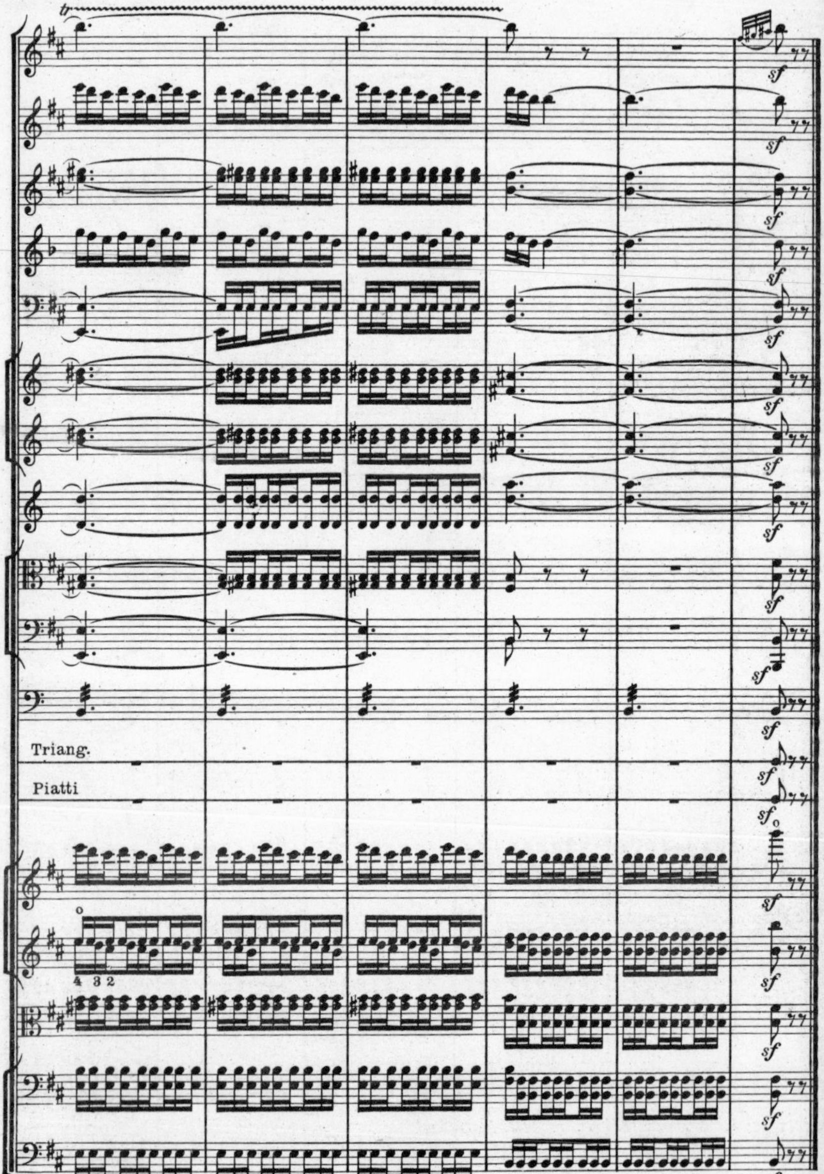
tr
Triang.
Piatti
4 3 2
sf

"Picture of an Arabian Night

Romanza

III

Andantino quasi allegretto $\quad \flat = 52$

Flauto piccolo

2 Flauti

Oboe

Corno inglese

2 Clarinetti in B

2 Fagotti

4 Corni in F

2 Trombe in B

3 Tromboni e Tuba

Timpani — in G C

Triangolo
Tamburino
Tamburo
Piatti

Arpa

Love Theme

Violini I — sul D — p

Violini II — sul D — p

Viole — pp

Violoncelli — div. — pp

Contrabassi — pp

Andantino quasi allegretto $\quad \flat = 52$

2957

114

118

2957

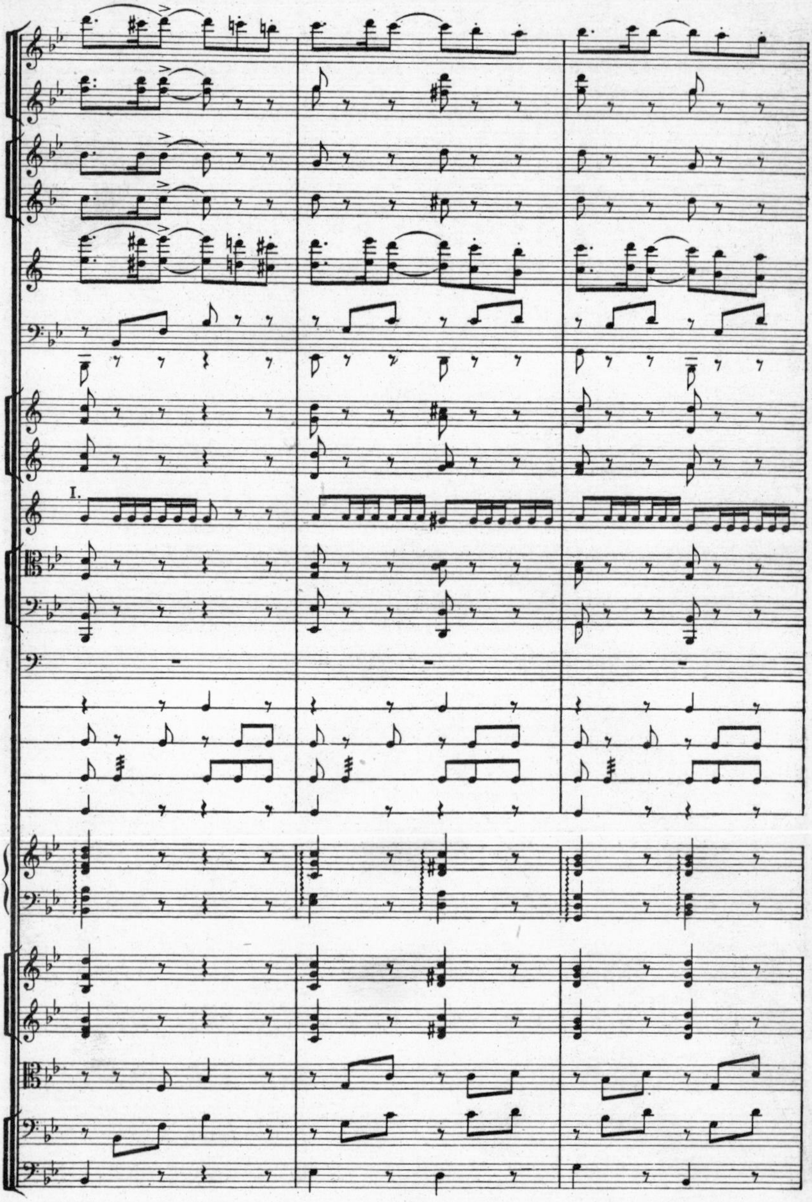
I.

130

2957

I Come prima

I Come prima

Allargando assai

M

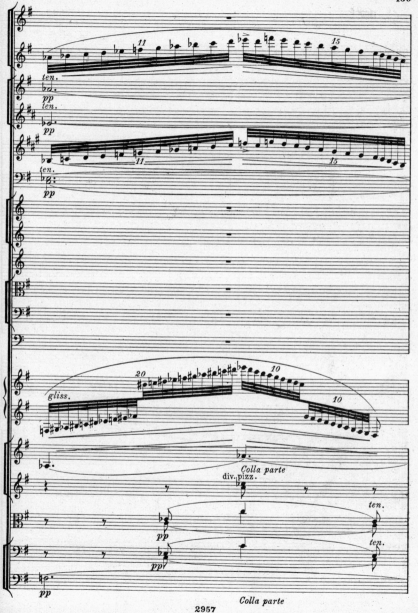

2957

Colla parte

OPocchissimo più animato

OPocchissimo più animato

IV

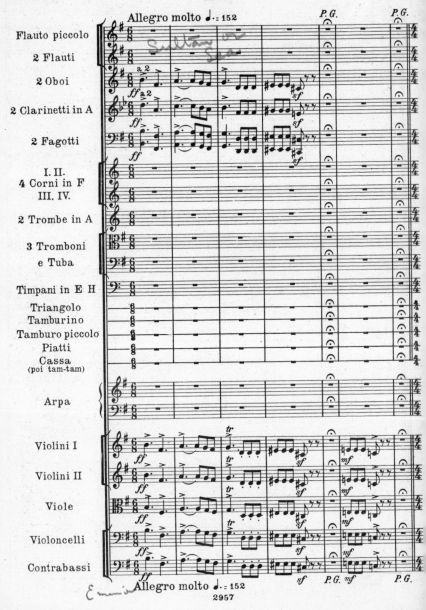

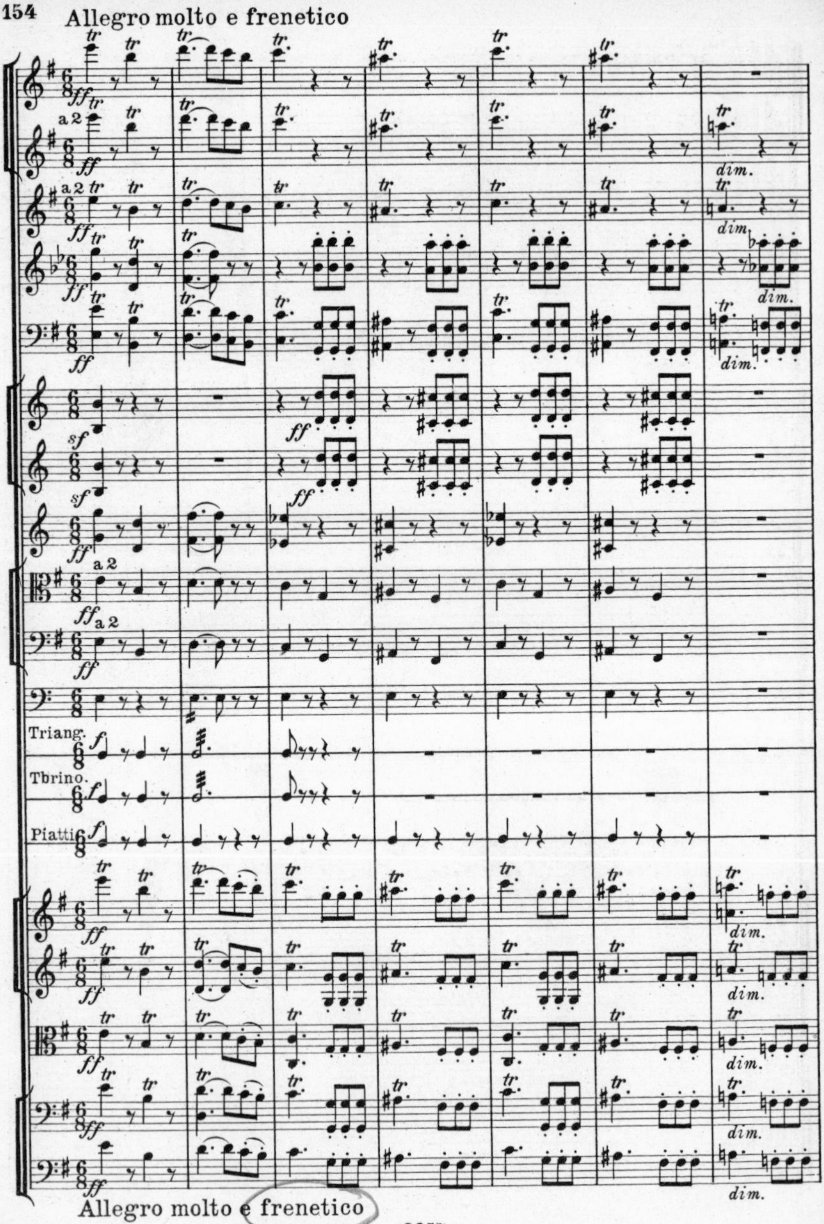

Allegro molto e frenetico
a 2
Triang.
Tbrino.
Piatti
tr
ff
sf
f
dim.
Allegro molto e frenetico

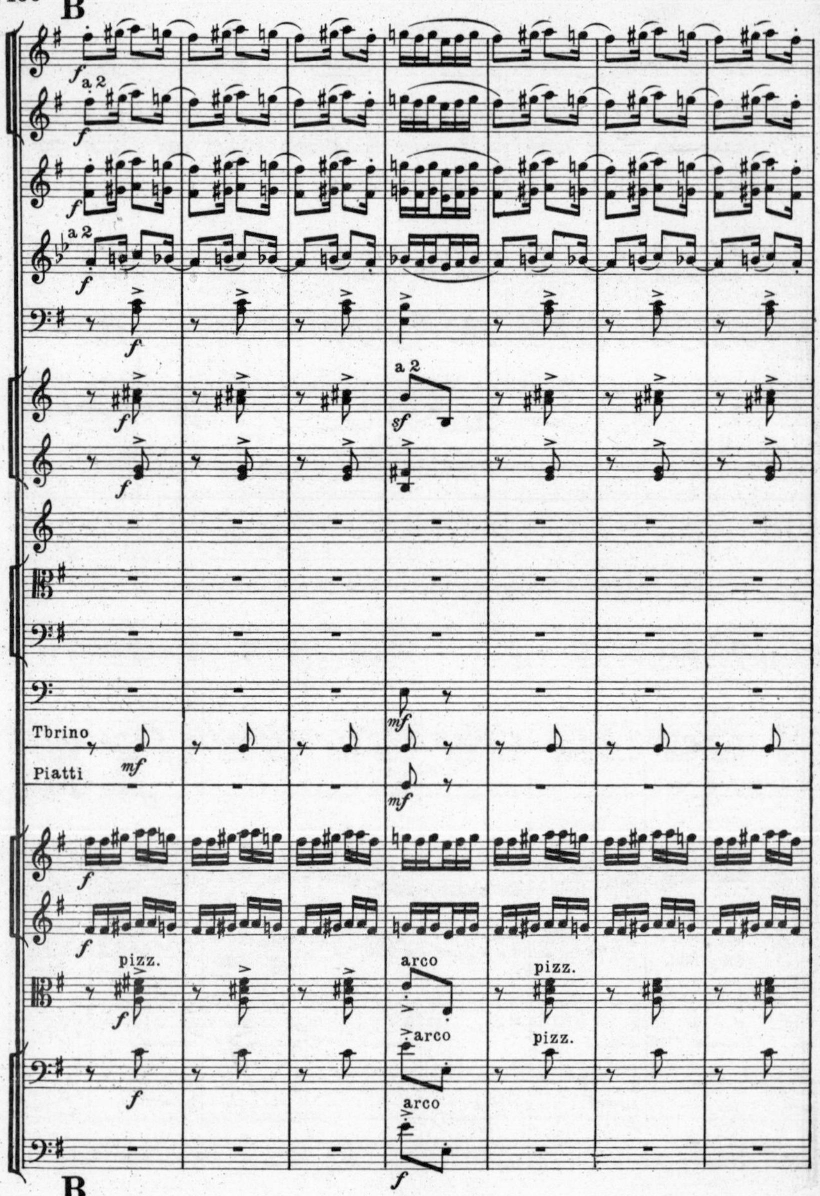
B
a 2
a 2
a 2
Tbrino
Piatti
pizz.
arco
pizz.
arco
pizz.
arco
B

175

2957

2957

M

M

O

O

196

2957

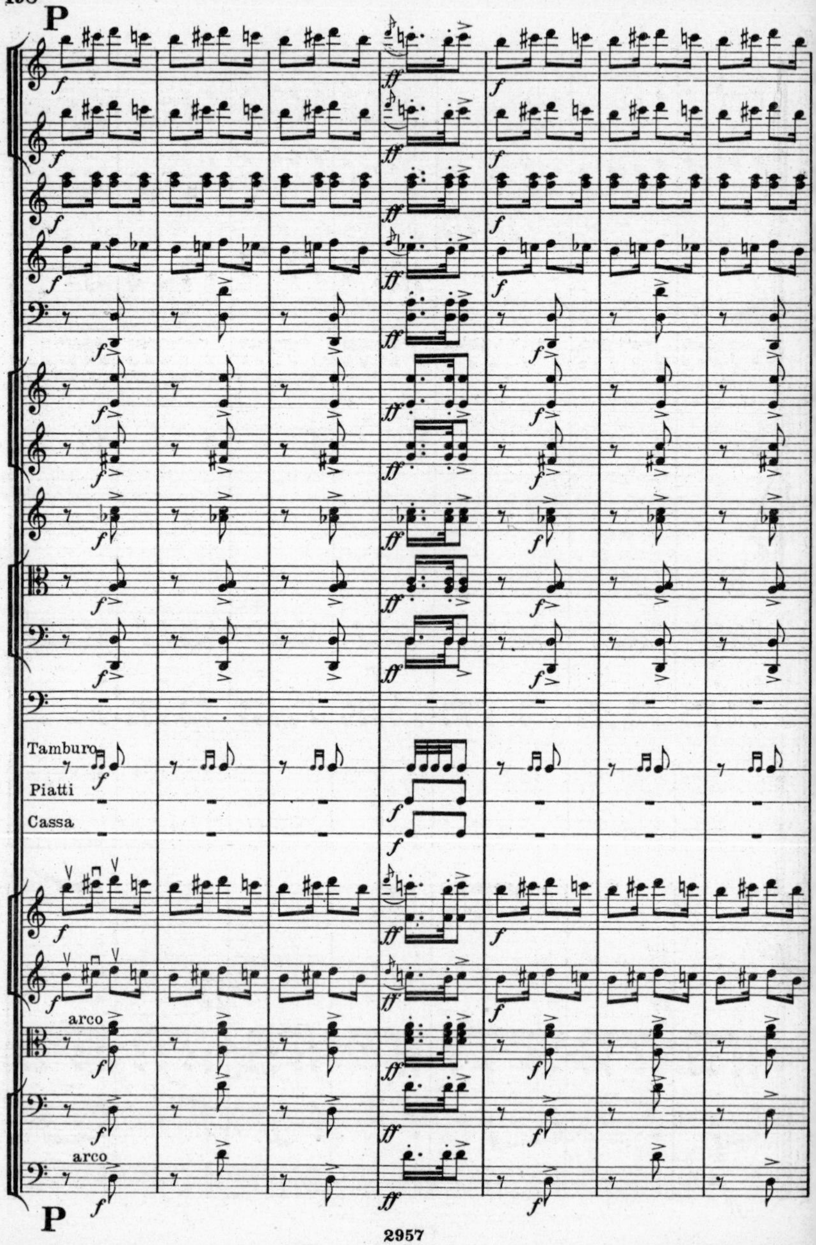
P
Tamburo
Piatti
Cassa
arco
arco
P

Più stretto

222

2957

Triang.

Tamburino

Tamburo

Piatti

Cassa

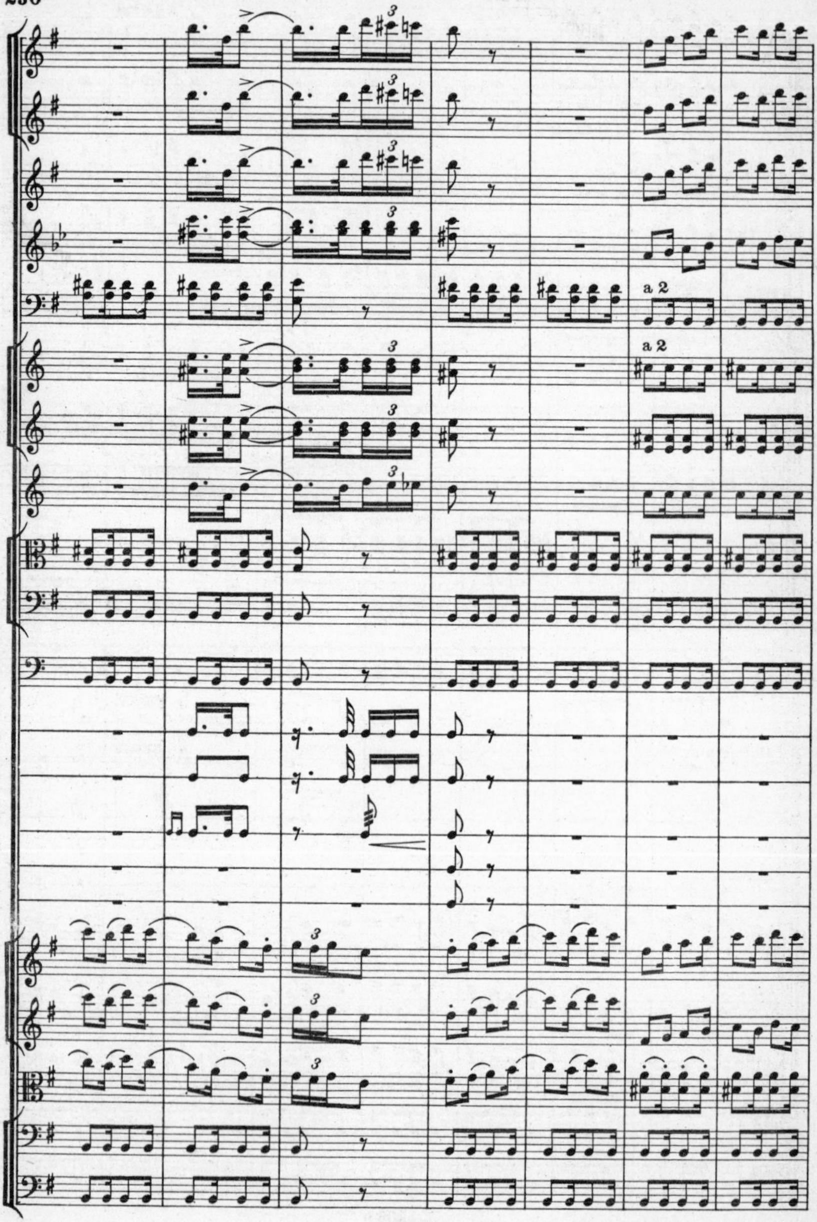
a 2
a 2

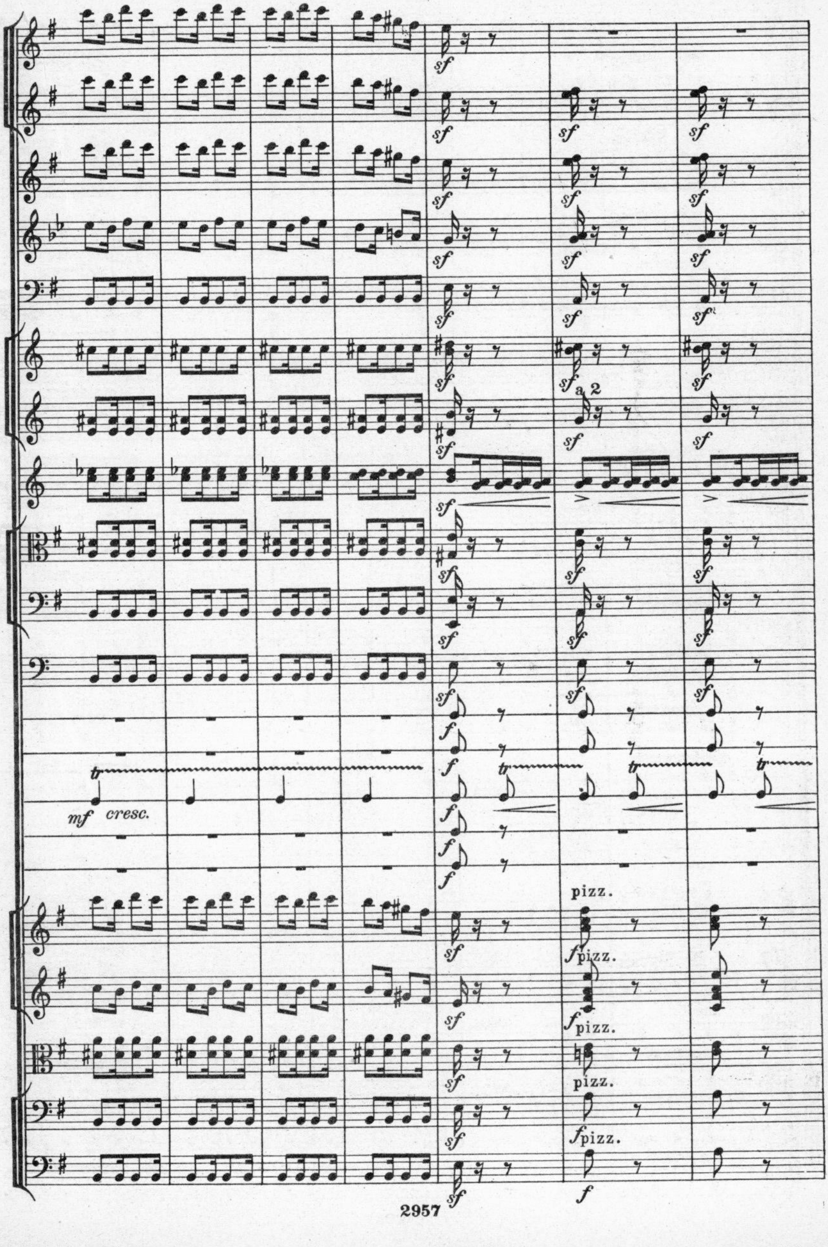
sf
a 2
f
tr
mf cresc.
pizz.

Allegro non troppo maestoso ♩. = 60

2957

(c-♯, d-♯, g-♯)

arco

Poco più tranquillo

ten. colla parte a tempo

ORCHESTERPARTITUREN

IN TASCHENFORMAT

BORODINE (A.). Danses No. 8 (Danses des jeunes filles polovtsiennes) et No. 17 (Danse polovtsienne) tirées de l'opéra «Le Prince Igor» . . . . . M. 3.—
— 2 Parties de la 3me Symph. M. 1.50
GLAZOUNOW (A), op. 48. 4me Symphonie en Mi ♭ . . M. 4.—
— op. 83. 8me Symph. en Mi ♭ M. 4.—
GLINKA (M.). Œuvres. Nouvelle édition, revue et corrigée par N. Rimsky-Korsakow et A. Glazounow.
Caprice brillant sur le thème de la Jota aragonesa . M. 1.20
Souvenir d'une nuit d'été à Madrid. Fantaisie sur des thèmes espagnols . . . . . M. 0.80
Kamarinskaïa, Fantaisie sur deux airs russes . . . . . M. 0.60
Valse-Fantaisie . . . . M. 0.80
Le Prince Kholmsky. Musique pour la tragédie de N. V. Koukolnik . . . . M. 2.—
Ouverture pour Le Prince Kholmsky . . . . . M. 0.80

LIADOW (A.), op. 56. Baba-Yaga. Tableau musical d'après un conte populaire russe . . . . M. 1.50
— op. 58. 8 chants populaires russes . . . . M. 1.50
— op. 62. Le Lac enchanté. Légende . . . . M. 1.—
— op. 63. Kikimora. Légende M. 1.50
RIMSKY-KORSAKOW (N.), op. 34. Capriccio espagnol (I. Alborada. II. Variazioni. III. Alborada. IV. Scena e canto gitano. V. Fandango asturiano) . . . M. 3.—
— op. 35. Scheherazade, d'après «Mille et une nuits». Suite symphonique . . . . . . M. 5.—
— op. 36. La grande Pàque Russe. Ouverture sur des thèmes de l'Eglise Russe . . . M. 3.—
SCRIÀBINE (A.), op. 29. 2me Symphonie (ut) . . . . . . M. 5.—
— op. 43. Le Divin Poème. 3me Symphonie (Ut) . . . M. 6.—
— op. 54. Le Poème de l'Extase (Ut) . . . . M. 4.—

VIOLINE MIT ORCHESTER

GLAZOUNOW (A.), op. 82. Concerto (la) . . . . M. 2.—

VERLAG VON
M. P. BELAIEFF / LEIPZIG

C. G. Röder G. m. b. H., Leipzig. 976026

DATE DUE